आयुर्वेदिक एवं योगिक जीवनशैली

डॉ मुकेश अग्रवाल

विषय-सूची

अंतिम अनुभाग: परिवर्तन से स्थायित्व तक

मन की बात

भीतर की ओर यात्रा – स्वयं से साक्षात्कार

जब जीवन की दौड़ तेज हो जाती है, तब आत्मा की आवाज़ धीमी पड़ जाती है।

हम दिन-रात काम करते हैं, लक्ष्यों को पाते हैं, रिश्तों को निभाते हैं, लेकिन अक्सर खुद से जुड़ना भूल जाते हैं। शरीर थकता है, मन बेचैन होता है और आत्मा सूनी लगती है। क्या आपने कभी खुद से पूछा है – "मैं कौन हूँ? मेरा शरीर, मन और आत्मा एक साथ क्यों नहीं चलते?"

इस पुस्तक की रचना इसी प्रश्न के उत्तर को खोजने की एक गहरी साधना है।
आयुर्वेद और योग – ये दो प्राचीन भारतीय ज्ञानधाराएँ न केवल चिकित्सा पद्धतियाँ हैं, बल्कि जीवन जीने की संपूर्ण कला हैं। जब इन्हें एक साथ अपनाया जाता है, तो जीवन में एक सुंदर संतुलन स्थापित होता है – तन में ऊर्जा, मन में शांति और आत्मा में आनंद।

21 दिन क्यों?

वैज्ञानिक शोध बताते हैं कि किसी भी नई आदत को विकसित करने के लिए न्यूनतम 21 दिन लगते हैं। इसलिए यह पुस्तक एक 21-दिन की गाइड के रूप में तैयार की गई है – जिसमें हर दिन शरीर, मन और आत्मा की सफाई, पोषण और विकास पर ध्यान दिया गया है। हर अध्याय आपको धीरे-धीरे बाहरी दुनिया से हटाकर अपने भीतरी संसार में प्रवेश कराता है।

इस पुस्तक को पढ़ने का तरीका:

हर दिन का एक अध्याय पढ़ें और बताए गए अभ्यास को अपने जीवन में उतारें।
खुद को जल्दी बदलने का दबाव न डालें – यह यात्रा धीरे-धीरे खिलती है।

एक डायरी साथ रखें और अपने अनुभव लिखें – यह आत्मचिंतन का माध्यम बनेगी।
परिवार के साथ साझा करें – सामूहिक साधना का असर गहरा होता है।

पुस्तक का उद्देश्य

यह किताब केवल ज्ञान देने के लिए नहीं है, बल्कि आपको जागरूकता से जागृति तक ले जाने के लिए है।
इसमें आपको आयुर्वेद की भाषा में अपना शरीर समझने को मिलेगा, योग की भाषा में मन को, और ध्यान की भाषा में आत्मा को।

यह पुस्तक किसके लिए है?

उनके लिए जो थक चुके हैं और अब भीतर से स्वस्थ होना चाहते हैं।
उनके लिए जो डॉक्टरों की गोलियों से हटकर जड़ी-बूटियों की शांति चाहते हैं।
उनके लिए जो जीवन में फिर से ऊर्जा, स्थिरता और संतुलन लाना चाहते हैं।

आइए, इस 21-दिन की यात्रा पर चलें –
जहाँ हर दिन एक नया दरवाज़ा खुलेगा –
तन के स्वास्थ्य, मन की स्थिरता और आत्मा की गहराई का।

क्या आप तैयार हैं?

- डॉ. मुकेश अग्रवाल

भाग 1

जागरूकता की ओर पहला कदम (Day 1–3)

अध्याय 1

आयुर्वेद क्या है?

- त्रिदोष, पंचमहाभूत और स्वाभाविक चिकित्सा की समझ

"आयुर्वेद वह है जो आयु की रक्षा करे।"
– चरक संहिता

1.1 आयुर्वेद का परिचय: जीवन का विज्ञान

आयुर्वेद दो शब्दों से बना है:
आयु = जीवन
वेद = ज्ञान
इस प्रकार, आयुर्वेद का अर्थ है जीवन का सम्पूर्ण ज्ञान — ऐसा विज्ञान जो शरीर, मन, इन्द्रियाँ और आत्मा सभी को संतुलन में लाकर समग्र स्वास्थ्य प्रदान करे।

यह मात्र चिकित्सा पद्धति नहीं है, यह जीवन जीने की स्वाभाविक शैली है, जिसमें प्रकृति के साथ तालमेल, ऋतुचर्या, दिनचर्या, आहार, व्यवहार और भावनात्मक संतुलन सम्मिलित हैं।

1.2 पंचमहाभूत – शरीर और प्रकृति के मूल तत्व

आयुर्वेद मानता है कि संपूर्ण ब्रह्मांड और मानव शरीर पांच मूल तत्वों (पंचमहाभूत) से बना है:

आकाश (Space): खालीपन, विस्तार
वायु (Air): गति, संचलन
अग्नि (Fire): पाचन, रूपांतरण
जल (Water): तरलता, पोषण
पृथ्वी (Earth): स्थिरता, संरचना

ये तत्व शरीर की संरचना, कार्यप्रणाली, इन्द्रिय अनुभव और मानसिक अवस्था को निर्धारित करते हैं।

1.3 त्रिदोष सिद्धांत – शरीर की ऊर्जा का संतुलन

पंचमहाभूत जब शरीर में मिलते हैं, तो तीन प्रकार की जैविक ऊर्जाओं का निर्माण करते हैं, जिन्हें त्रिदोष कहते हैं:

1. वात (Vata):

तत्व: आकाश + वायु
कार्य: गति, श्वसन, संचार, स्नायु क्रिया
असंतुलन: चिंता, गैस, कब्ज, अनिद्रा

2. पित्त (Pitta):

तत्व: अग्नि + जल
कार्य: पाचन, बुद्धि, दृष्टि, ताप नियंत्रण
असंतुलन: क्रोध, जलन, अम्लता, बाल झड़ना

3. कफ (Kapha):

तत्व: जल + पृथ्वी
कार्य: स्थिरता, स्नेह, पोषण, रोग प्रतिरोध
असंतुलन: सुस्ती, मोटापा, बलगम, एलर्जी

हर व्यक्ति की एक विशेष प्रकृति (constitution) होती है — वात, पित्त, या कफ प्रधान — जो जन्म से ही उसके शारीरिक, मानसिक और भावनात्मक गुणों को प्रभावित करती है।

1.4 स्वाभाविक चिकित्सा – रोग निवारण का प्रकृति-संगत मार्ग

आयुर्वेद का मूल उद्देश्य है स्वस्थ व्यक्ति के स्वास्थ्य की रक्षा और रोगी व्यक्ति के रोग का शमन। इसका तरीका है:

प्रकृति और ऋतु के अनुरूप दिनचर्या
शरीर के दोषों को पहचानकर संतुलन लाना
आहार, विहार, औषधि, पंचकर्म और योग का समन्वय
मानसिक शुद्धि और आत्मचिंतन के माध्यम से आंतरिक शांति

आयुर्वेद मानता है कि हर रोग का कारण दोषों का असंतुलन और जीवनशैली की विसंगति है। इसलिए उपचार का पहला कदम है – स्वस्थ जीवनशैली की ओर लौटना।

1.5 आज का अभ्यास

1. प्रकृति पहचानें:
क्या आप वात, पित्त या कफ प्रकृति के हैं? (परिशिष्ट में प्रश्नावली दी गई है)

2. पंचमहाभूत चिंतन:
अपने दैनिक जीवन में इन पाँच तत्वों को खोजें – जैसे हवा, ध्वनि, अग्नि, जल, मिट्टी। ये आपसे कितने जुड़े हुए हैं?

3. एक संकल्प:
आज से 21 दिनों तक मैं प्रकृति के साथ चलने का प्रयास करूंगा, न कि उसके विरुद्ध।

अध्याय 2

अपनी प्रकृति को पहचानें

अपनी मूल प्रकृति (Prakriti) को पहचानना और समझना

"स्वस्थ जीवन की कुंजी है – अपने आप को जानना।"
– आयुर्वेद

2.1 प्रकृति क्या है?

प्रकृति (Constitution) वह स्वाभाविक शारीरिक, मानसिक और भावनात्मक संरचना है, जो जन्म से ही हमारे भीतर विद्यमान होती है। यह स्थायी होती है और आयु, भोजन, जीवनशैली, मौसम आदि से प्रभावित तो होती है, पर बदलती नहीं।

प्रकृति जानना वैसा ही है, जैसे कोई माली अपने पौधे की जाति पहचानकर उसे सही खाद-पानी देता है। जब आप अपनी प्रकृति जान लेते हैं, तो आप शरीर और मन की ज़रूरतों के अनुसार जीवन जी सकते हैं।

2.2 त्रिदोष और आपकी प्रकृति

हर व्यक्ति में तीनों दोष (वात, पित्त, कफ) होते हैं, पर किसी एक या दो की प्रधानता होती है। उसी आधार पर आपकी प्रकृति होती है:

1. वात प्रकृति (Air & Ether dominant)

शरीर: पतला, शुष्क त्वचा, ठंड सहन नहीं होती
मन: चंचल, रचनात्मक, जल्दी उत्तेजित
स्वास्थ्य: गैस, कब्ज, अनिद्रा, डर
ज़रूरत: स्थिरता, गर्माहट, तेलीयता

2. पित्त प्रकृति (Fire & Water dominant)

शरीर: मध्यम आकार, गर्म शरीर, तीव्र भूख
मन: तीव्र बुद्धि, नेतृत्व क्षमता, जल्द गुस्सा
स्वास्थ्य: अम्लता, जलन, बाल झड़ना, थकावट
ज़रूरत: ठंडा वातावरण, शांत रहना, मधुरता

3. कफ प्रकृति (Water & Earth dominant)

शरीर: भारी शरीर, चिकनी त्वचा, सहनशील
मन: शांत, स्थिर, भावनात्मक, धीमा लेकिन गहरा
स्वास्थ्य: वजन बढ़ना, एलर्जी, बलगम, सुस्ती
ज़रूरत: गतिविधि, गर्म व सूखा भोजन, प्रेरणा

2.3 मिश्रित प्रकृति (Dual Types)

अधिकांश लोग पूर्णत: एक दोषप्रधान नहीं होते, बल्कि दो दोषों के मिश्रण से बनी प्रकृति रखते हैं:

वात-पित्त प्रकृति
पित्त-कफ प्रकृति
वात-कफ प्रकृति

यह जानना और भी जरूरी है, क्योंकि एक दोष को संतुलित करने वाला आहार या दिनचर्या दूसरे दोष को बढ़ा सकती है।

2.4 प्रकृति जानने के लाभ

स्वस्थ आहार चयन: आपके दोषानुसार सही भोजन
दिनचर्या संतुलन: किस समय कौन सा कार्य करें
योग अभ्यास का चयन: कौन-से आसन और प्राणायाम लाभदायक
रोगों की रोकथाम: आप किस रोग के प्रति संवेदनशील हैं

मानसिक शांति: भावनात्मक प्रतिक्रियाओं को समझना और नियंत्रित करना

2.5 प्रकृति परीक्षण: आप क्या हैं?

प्रश्नावली:
(यह प्रश्नावली इस पुस्तक के अंत में परिशिष्ट में दी गई है जाएगी या QR कोड से ऐप आधारित परीक्षण दिया जा सकता है)

आपके उत्तरों के आधार पर आप अपनी प्रकृति को जान पाएंगे। एक बार पहचान हो जाए, तो अगला कदम है दोष संतुलन की ओर बढ़ना।

2.6 अभ्यास और आज का संकल्प

दर्पण में देखिए: अपने चेहरे, आंखों, त्वचा, ऊर्जा, मूड को निरीक्षण की दृष्टि से देखिए।
अपने व्यवहार को देखिए: क्या आप चंचल हैं या स्थिर? गुस्सैल हैं या शांत?

संकल्प:
"मैं आज से अपनी प्रकृति के अनुसार जीने की शुरुआत करूंगा, क्योंकि यही आत्म-चिकित्सा की पहली सीढ़ी है।"

अध्याय 3

योग क्या है?

पतंजलि योगसूत्र और योग के आठ अंगों की गहराई में प्रवेश

"योगः चित्तवृत्तिनिरोधः।"
– पतंजलि योगसूत्र 1.2
(योग वह है, जिसमें चित्त की वृत्तियों का निरोध होता है)

3.1 योग का अर्थ: केवल व्यायाम नहीं

आज की दुनिया में 'योग' को अक्सर केवल आसनों (postures) तक सीमित कर दिया गया है, लेकिन योग एक सम्पूर्ण जीवनपद्धति है। यह शरीर, मन और आत्मा को जोड़ने की एक वैज्ञानिक प्रक्रिया है।
'योग' शब्द संस्कृत धातु 'युज्' से बना है, जिसका अर्थ है जोड़ना, एक करना।

3.2 पतंजलि योगसूत्र: योग का दर्शन

महर्षि पतंजलि ने योग को एक वैज्ञानिक दर्शन के रूप में व्यवस्थित किया और 196 सूत्रों में उसका सार बताया, जिसे हम "योगसूत्र" के नाम से जानते हैं।

उनका उद्देश्य था–

मन की चंचलता पर नियंत्रण
आत्मा की साक्षात्कार की प्रक्रिया
जीवन में स्थिरता, स्पष्टता और समाधान
3.3 अष्टांग योग: योग के आठ अंग

पतंजलि ने योग को आठ भागों में बाँटा, जिसे अष्टांग योग कहा जाता है:

1. यम (नियंत्रण, नैतिकता): यम 5 है

अहिंसा (Non-violence)
सत्य (Truthfulness)
अस्तेय (Non-stealing)
ब्रह्मचर्य (Celibacy/moderation)
अपरिग्रह (Non-possessiveness)
यह सामाजिक आचरण को नियंत्रित करता है

2. नियम (आत्मिक अनुशासन): नियम भी 5 है

शौच (Cleanliness)
संतोष (Contentment)
तप (Discipline)
स्वाध्याय (Self-study)
ईश्वर प्रणिधान (Surrender to Divine)
यह आत्म-प्रबोधन के साधन हैं

3. आसन (Postures):

शरीर को स्थिर, मजबूत और लचीला बनाने के अभ्यास

 "स्थिरं सुखं आसनम्"   — जो सुखपूर्वक लंबे समय तक किया जा सके

4. प्राणायाम (Breath Regulation):

प्राण (जीवन ऊर्जा) का संचार
विभिन्न श्वासों का विज्ञान: अनुलोम-विलोम, भस्त्रिका, कपालभाति आदि

5. प्रत्याहार (Sensory Withdrawal):

इन्द्रियों को विषयों से हटाकर आत्मा की ओर मोड़ना
ध्यान के लिए ज़रूरी अभ्यास

6. धारणा (Concentration):

चित्त को एक बिंदु पर केंद्रित करना
एकाग्रता की पहली सीढ़ी

7. ध्यान (Meditation):

एकाग्रता की निरंतरता
गहराई में उतरना — स्वयं को जानने की प्रक्रिया

8. समाधि (Absorption):

चित्त का पूर्ण शांत हो जाना
आत्मा और ब्रह्म का मिलन

3.4 योग का उद्देश्य:

केवल शारीरिक व्यायाम नहीं, बल्कि
दुखों से मुक्ति,
स्वस्थ और संतुलित जीवन,
आत्म-साक्षात्कार की दिशा में प्रगति

3.5 आज का अभ्यास और संकल्प

5 मिनट श्वास पर ध्यान केंद्रित करें।
बस गहरी साँस लें और छोड़ें। बिना प्रयास के।

संकल्प:
 "मैं योग को केवल शरीर नहीं, सम्पूर्ण जीवन की साधना के रूप में स्वीकार करूंगा।"

भाग 2
शरीर का शुद्धिकरण और संतुलन (Day 4–8)

अध्याय 4

दिनचर्या

सुबह उठने से लेकर रात को सोने तक की आयुर्वेदिक जीवन-रचना

"प्रतिदिन की सही दिनचर्या, दीर्घकालिक आरोग्य का बीज है।"
– चरक संहिता

4.1 दिनचर्या क्यों ज़रूरी है?

जैसे प्रकृति में सूर्य, चंद्रमा, ऋतु, और ज्वारभाटा की नियमितता है — वैसे ही हमारे शरीर और मन के लिए भी एक नियमित दिनचर्या (Dinacharya) ज़रूरी है।
आयुर्वेद मानता है कि जो व्यक्ति प्रकृति के अनुसार जीता है, वह रोगों से दूर रहता है।

4.2 आयुर्वेदिक दिनचर्या: समयानुसार विभाजन

यह दिनचर्या त्रिदोषों (वात, पित्त, कफ) की दैनिक गति के अनुसार बनी है।

1. ब्रह्ममुहूर्त (सुबह 5:00 बजे): जागरण और शुद्धि

जल्दी उठें: सूर्य उगने से पहले
जागते ही सकारात्मक सोच: आज का दिन शुभ है
जिव्हा निरिक्षण: जीभ साफ कर दोष पहचानें
नेति और नेत्र धोना: नाक और आंखों की सफाई
गर्म पानी पीना: शरीर की शुद्धि
मल विसर्जन: नियमित और तनावमुक्त शौच

2. व्यायाम और योग (6:00 – 7:00 बजे):

योगासन, प्राणायाम और ध्यान

संभव हो तो सूर्य नमस्कार
इसके बाद स्नान — ताजगी और ऊर्जा के लिए

3. नाश्ता और दिन की शुरुआत (7:30 – 9:00 बजे):

गुनगुना, सुपाच्य नाश्ता (कफ-कम करने वाला)
घी, दलिया, फल, हर्बल चाय
दिन की योजना — शांति से

4. कार्यकाल (10:00 – 2:00 बजे): पित्त काल

यह समय तीव्रता का है — निर्णय, एकाग्रता, कार्य के लिए उत्तम
दोपहर का भोजन सबसे भारी और संतुलित होना चाहिए
सादा, ताजा, गर्म और सात्त्विक भोजन

5. दोपहर के बाद (2:00 – 6:00 बजे): वात काल

मन चंचल होता है — रचनात्मक कार्य, अध्ययन, संगीत आदि श्रेष्ठ
हल्का नाश्ता जैसे फल या सूप

6. संध्या समय (6:00 – 10:00 बजे): विश्राम और परिवार

शाम को हल्की सैर, परिवार के साथ समय
रात्रिभोजन हल्का और जल्दी (सूर्यास्त के 2 घंटे के भीतर)
रात को भारी भोजन वात-पित्त को बिगाड़ता है

7. निंद्रा काल(10:00 – 5:00 बजे):

रात्रि 10 बजे तक शयन — यह समय कफ काल है, जिससे नींद गहरी
होती है

4.3 दिनचर्या का दोषों से संबंध

वात व्यक्तियों को स्थिरता और गर्माहट चाहिए — दिनचर्या उन्हें शांत
करती है

पित्त वालों को ठंडा और शांत दिनचर्या चाहिए — यह उनके तेज को नियंत्रित करती है

कफ वालों को ऊर्जावान और सक्रिय दिनचर्या चाहिए — ताकि सुस्ती न बढ़े

4.4 आज का अभ्यास और संकल्प

अभ्यास:

कल से 21 दिनों तक ब्रह्ममुहूर्त में जागने का संकल्प लें

एक डायरी में अपनी दिनचर्या लिखना प्रारंभ करें

संकल्प:
  "मैं प्रकृति के साथ समरस होकर जीऊँगा, क्योंकि वही मुझे स्वास्थ्य, संतुलन और शांति की ओर ले जाएगा।"

अध्याय 5

आहार ही औषधि है

सात्त्विक भोजन और त्रिदोष के अनुसार संतुलित आहार

"अन्नमेव भोजनं शुद्धं च मनसः प्रत्यक्षकम्।"
– आयुर्वेद शास्त्र
(खाना ही मन की शुद्धि और स्वास्थ्य का मूल आधार है)

5.1 आयुर्वेद में आहार का महत्व

आयुर्वेद का मूल मंत्र है कि हम जो खाते हैं, वही हम बनते हैं।
सही आहार न केवल शरीर को पोषण देता है बल्कि मन और भावनाओं को भी नियंत्रित करता है।
'आहार' जीवन की आधारशिला है।

5.2 सात्त्विक भोजन क्या है?

सात्त्विक भोजन वह है जो मन को शुद्ध, स्थिर और सकारात्मक बनाता है।

यह ताजा, हल्का, प्राकृतिक और सरल होता है।

मुख्य तत्व:
ताजे फल और सब्ज़ियाँ
साबुत अनाज
दालें और बीन्स
घी, हल्दी, और काली मिर्च
दूध, दही (स्वस्थ मात्रा में)
मीठा स्वाद (जैसे गुड़, शहद)

सात्त्विक भोजन का प्रभाव –

मन में शांति, स्पष्टता, और ऊर्जा बनी रहती है।

5.3 त्रिदोष अनुसार आहार

आयुर्वेद के अनुसार हर व्यक्ति का प्रकृति (प्रकृति/प्राकृतिक संतुलन) अलग होता है। तीन प्रमुख दोष हैं — वात, पित्त, और कफ।
आहार का चुनाव इन्हीं दोषों के अनुसार करना चाहिए ताकि शरीर और मन में संतुलन बना रहे।

5.4 सात्त्विक आहार के नियम

भोजन ताजा और प्राकृतिक हो
भोजन को मन से, शांति से ग्रहण करें
भोजन करते समय बातचीत कम हो
तृप्ति (पूर्णता) तक भोजन करें, पर अधिक नहीं
भोजन को पचाने के लिए उचित समय दें

5.5 आहार और मन का संबंध

भारी, तैलीय, और असंतुलित भोजन मन को अशांत करता है
सात्त्विक भोजन से मन शांत, एकाग्र और सकारात्मक होता है
आहार का प्रभाव निद्रा, ध्यान, और ऊर्जा पर भी पड़ता है

5.6 आज का अभ्यास और संकल्प

अभ्यास: अगले 3 दिन तक सात्त्विक भोजन को प्राथमिकता दें
एक दिन में कम से कम एक बार अपने दोष के अनुसार भोजन बनाएं

संकल्प:
 "मैं अपने शरीर को सात्त्विक भोजन से पोषित कर अपनी ऊर्जा, शांति और स्वास्थ्य का संवर्धन करूंगा।"

अध्याय 6

योगिक आहार

यम, नियम और खानपान के माध्यम से संतुलित जीवन

"योग केवल आसन या प्राणायाम नहीं, यह जीवन का पूर्ण अनुशासन है।"
– पतंजलि योगसूत्र

6.1 योगिक जीवनशैली में आहार का महत्व

योग की आध्यात्मिक और शारीरिक प्रगति के लिए सही आहार आवश्यक है।
योगिक आहार वह है जो शरीर को हल्का, पोषित और मन को शांति प्रदान करे। यह सात्त्विक आहार का ही विस्तार है।
शरीर और मन के शुद्धिकरण के लिए यम, नियम और सही खानपान का पालन जरूरी है।

6.2 यम और नियम: जीवन के नैतिक सिद्धांत

यम (बाह्य अनुशासन) — अहिंसा, सत्य, अस्तेय, ब्रह्मचर्य, अपरिग्रह
नियम (आत्मिक अनुशासन) — शौच, संतोष, तप, स्वाध्याय, ईश्वरप्रणिधान

योगिक आहार केवल खाने की वस्तुएं नहीं, बल्कि जीवन के ये नैतिक और मानसिक नियम भी हैं। ये हमें संयम और शांति के मार्ग पर ले जाते हैं।

6.3 योगिक आहार के सिद्धांत

सात्त्विक भोजन: शुद्ध, ताजा, हल्का और प्राकृतिक
अहिंसा: किसी भी जीव-धर्मी का शोषण न करें, शाकाहारी भोजन वरीयता दें
मात्रा में संयम: अधिक भोजन से बचें, भूख लगने पर खाएं

मन की शांति: भोजन करते समय ध्यान लगाएं, जल्दी न करें
प्राकृतिक और मौसम के अनुसार भोजन: ताजे और मौसमी फल, सब्जियां, अनाज खाएं
प्राणवायु से भरपूर: ताजी हवा में भोजन करें

6.4 खानपान में योगिक अनुशासन

भोजन को प्रण सहित ग्रहण करें
तीखा, भारी, अत्यधिक मसालेदार और तैलीय भोजन से बचें
जितना जरूरी हो, उतना ही भोजन लें ताकि शरीर हल्का रहे
रात्रि में हल्का भोजन करें जिससे नींद अच्छी आए
जंक फूड, पैकेज्ड फूड से बचें
भोजन के बीच में पानी पीने से बचें, पर भोजन के बाद थोड़ा पानी लेना ठीक है

6.5 योगिक आहार का मानसिक और आध्यात्मिक प्रभाव

शरीर हल्का और ऊर्जावान रहता है
मन शांत, स्थिर और एकाग्र होता है
योगाभ्यास में सुधार होता है
आध्यात्मिक विकास के लिए अनुकूल वातावरण बनता है

6.6 आज का अभ्यास और संकल्प

अभ्यास:

आज से अगले 7 दिन तक सात्त्विक और योगिक आहार का पालन करें
भोजन से पहले 1 मिनट मौन बैठकर ध्यान लगाएं

अध्याय 7

आयुर्वेदिक डिटॉक्स

घरेलू पंचकर्म, हर्बल काढ़ा, और त्रिफला का उपयोग

"शरीर का शुद्धिकरण ही स्वस्थ जीवन की आधारशिला है।"

7.1 डिटॉक्स क्यों जरूरी है?

समय के साथ शरीर में विषाक्त पदार्थ (टोक्षिन्स) जमा होते हैं, जो सेहत पर बुरा प्रभाव डालते हैं।

आयुर्वेद के अनुसार, स्वस्थ शरीर और मन के लिए नियमित रूप से शरीर का शुद्धिकरण आवश्यक है।

डिटॉक्स से पाचन तंत्र सुधरता है, ऊर्जा बढ़ती है और रोगों से लड़ने की क्षमता बढ़ती है।

7.2 घरेलू पंचकर्म: सरल और प्रभावी उपाय

पंचकर्म आयुर्वेद का एक प्रमुख शुद्धिकरण प्रक्रिया है, लेकिन घर पर भी सरल उपाय किए जा सकते हैं।

घरेलू पंचकर्म में ये शामिल हैं:
उष्ण जल से सिंकाई (सिर, हाथ, पैर धोना)
अभ्यंग (तेल मालिश) — तिल या नारियल तेल से हल्की मालिश
स्वेदन (भाप लेना) — हर्बल भाप से शरीर की गहराई तक विषैले पदार्थ निकालना
तैलीय भोजन का सेवन — शरीर को नमी और पोषण देना
योग और प्राणायाम — पाचन और विषाक्त पदार्थों के उत्सर्जन में मदद

7.3 हर्बल काढ़ा: शरीर को शुद्ध करने का आयुर्वेदिक उपाय

हर्बल काढ़ा पाचन में सुधार करता है, प्रतिरक्षा प्रणाली मजबूत करता है और शरीर से विषाक्त पदार्थों को बाहर निकालता है।
लोकप्रिय हर्बल काढ़े:

त्रिफला काढ़ा
तुलसी और अदरक काढ़ा
नीम और हल्दी का काढ़ा

7.4 त्रिफला: आयुर्वेद का चमत्कारिक मिश्रण

त्रिफला तीन फलों — हरितकी, बेहड़ा, और आंवला — का संयोजन है। यह पाचन सुधारने, कब्ज दूर करने, और शरीर के विषाक्त पदार्थ निकालने में मदद करता है।
त्रिफला का नियमित सेवन शरीर को साफ, हल्का और ऊर्जा से भरपूर बनाता है।

7.5 डिटॉक्स के दौरान ध्यान देने योग्य बातें

पर्याप्त मात्रा में पानी पिएं
भारी और तैलीय भोजन से बचें
नियमित हल्की मालिश करें
योग और प्राणायाम को अपनी दिनचर्या में शामिल करें
भरपूर नींद लें

7.6 आज का अभ्यास और संकल्प

अभ्यास:

आज से 3 दिन तक त्रिफला काढ़ा बनाकर सुबह-शाम सेवन करें
रोजाना 10 मिनट हल्की मालिश करें और भाप लें

अध्याय 8

जल नेति से लेकर त्राटक तक

योगिक शुद्धि क्रियाएं और उनका महत्व

"शरीर और मन की शुद्धि के बिना योग का पूर्ण अनुभव संभव नहीं।"

8.1 योगिक शुद्धि क्रियाओं का परिचय

योग में शुद्धि क्रियाएं (शौच क्रियाएं) अत्यंत महत्वपूर्ण हैं।
ये क्रियाएं शरीर के अंदर और बाहर दोनों जगह से अशुद्धियों को निकालकर स्वास्थ्य और मानसिक शांति प्रदान करती हैं।
प्राचीन योग और आयुर्वेद में इन्हें बहुत महत्व दिया गया है।

8.2 जल नेति (Jala Neti)

जल नेति एक श्वास नली की सफाई की विधि है जिसमें शुद्ध, गुनगुना नमक पानी नाक के माध्यम से डाला जाता है।
यह नाक के मार्गों को साफ करता है, साइनस समस्याएं, एलर्जी और सांस लेने में सुधार करता है।

नियमित जल नेति से मस्तिष्क और मन को ताजगी मिलती है।

कैसे करें:

एक नेति पॉट में गुनगुना, हल्का नमकीन पानी डालें।
सिर को झुका कर एक नथुने से पानी डालें और दूसरे नथुने से निकालें।
सावधानी से करें ताकि पानी गले में न जाए।

8.3 कपालभाति (Kapalbhati)

कपालभाति एक शक्तिशाली प्राणायाम है जो फेफड़ों और मस्तिष्क की शुद्धि करता है।
तेज़ और स्वाभाविक श्वास छोड़ने पर जोर देकर किया जाता है।

यह शरीर से विषाक्त पदार्थों को बाहर निकालता है और मन को केंद्रित करता है।

8.4 त्राटक (Trataka)

त्राटक एक ध्यान तकनीक है जिसमें बिना पलक झपकाए एक बिंदु (जैसे दीपक की लौ) को लंबे समय तक देखा जाता है।
यह नेत्रों को साफ करता है, मन को स्थिर करता है, और ध्यान की गहराई बढ़ाता है।
नियमित त्राटक से याददाश्त और एकाग्रता में वृद्धि होती है।

8.5 अन्य शुद्धि क्रियाएं

गजकर्मा: चेहरे की मालिश
धोम: मुँह की सफाई
अग्निसार: पेट की आंतरिक मालिश के समान क्रिया

8.6 शुद्धि क्रियाओं का महत्व

शारीरिक स्वास्थ्य में सुधार
मानसिक तनाव और अशांति में कमी
प्राणायाम और ध्यान की गुणवत्ता बढ़ाना
रोग-प्रतिरोधक क्षमता में वृद्धि

8.7 आज का अभ्यास और संकल्प

अभ्यास:

आज से 7 दिनों तक सुबह जल नेति करें
शाम को त्राटक से नेत्रों का व्यायाम करें (5-7 मिनट)
कपालभाति प्राणायाम रोज़ 3 मिनट करें

संकल्प:
  "मैं अपने शरीर और मन की शुद्धि के लिए योगिक शुद्धि क्रियाओं को नियमित रूप से अपनाऊंगा।"

भाग 3
मन का अनुशासन, मनोबल की शक्ति (Day 9–14)

अध्याय 9

मानसिक दोष और आयुर्वेद

रज, तम, सत्त्व का संतुलन

"मन की शुद्धि के बिना शरीर की स्वास्थ्य पूर्ण नहीं होती।"

9.1 मानसिक दोष क्या हैं?

आयुर्वेद में शरीर के साथ-साथ मन को भी त्रिदोष से प्रभावित माना गया है।
रज (Rajas), तम (Tamas), और सत्त्व (Sattva) ये तीन मानसिक दोष हैं जो हमारे विचारों, भावनाओं और व्यवहार को प्रभावित करते हैं।

9.2 सत्त्व (Sattva): मानसिक शुद्धता और संतुलन

सत्त्व शांति, स्पष्टता, जागरूकता और सन्द्राव का प्रतीक है।
यह गुण मानसिक स्वास्थ्य, नैतिकता और आध्यात्मिक विकास को बढ़ावा देता है।
सत्त्व बढ़ाने वाले आहार, विचार और व्यवहार जीवन में सकारात्मकता लाते हैं।

9.3 रज (Rajas): मानसिक उत्तेजना और क्रिया

रज मानसिक गतिविधि, जिजीविषा, क्रोध, लालसा और बेचैनी का कारण बनता है।
यह मानसिक अशांति, तनाव और आवेगशीलता को जन्म देता है।
रज का संतुलन आवश्यक है ताकि ऊर्जा सही दिशा में लग सके।

9.4 तम (Tamas): मानसिक अज्ञानता और सुस्ती

तम आलस्य, अनिद्रा, भ्रम और नकारात्मकता का प्रतीक है।
अत्यधिक तम मानसिक विकार, उदासीनता और आलस्य को बढ़ावा देता है।

तम को कम करके सत्त्व और रज का संतुलन आवश्यक है।

9.5 मानसिक दोषों का आयुर्वेदिक संतुलन

सत्त्व को बढ़ाने के उपाय: सात्त्विक भोजन, ध्यान, योग, सकारात्मक सोच, प्रकृति के संपर्क में रहना।
रज को नियंत्रित करने के उपाय: तनाव प्रबंधन, संतुलित आहार, संयमित जीवनशैली।
तम को कम करने के उपाय: नियमित व्यायाम, हल्का भोजन, पर्याप्त नींद, मानसिक व्यायाम।

9.6 दैनिक जीवन में मानसिक दोषों का प्रबंधन

दिनचर्या में ध्यान, प्राणायाम, और योग का समावेश
नकारात्मक सोच से बचना और सकारात्मक संवाद अपनाना
सात्त्विक साहित्य और संगीत का आनंद लेना
प्रकृति के साथ समय बिताना

9.7 आज का अभ्यास और संकल्प

अभ्यास:

सुबह और शाम 5 मिनट ध्यान करें, सत्त्व गुणों को जागृत करने के लिए

अपने विचारों और भावनाओं का निरीक्षण करें, रज और तम को पहचानें और कम करें

संकल्प:
  "मैं अपने मन में सत्त्व को बढ़ाकर मानसिक संतुलन और शांति प्राप्त करूंगा।"

अध्याय 10

ध्यान की शक्ति

एकाग्रता के लिए प्रारंभिक ध्यान पद्धतियाँ

"ध्यान वह दीप है जो अंधकारमय मन को प्रकाशित करता है।"

10.1 ध्यान क्या है?

ध्यान का अर्थ है मन को एकाग्र करना, विचारों को स्थिर करना।
यह मानसिक शांति, स्पष्टता और अंतर्दृष्टि प्रदान करता है।
योग में ध्यान को आत्मा से जुड़ने का माध्यम माना गया है।

10.2 ध्यान के लाभ

मानसिक तनाव और चिंता में कमी
एकाग्रता और स्मरण शक्ति में वृद्धि
भावनात्मक स्थिरता और मानसिक शांति
ऊर्जा और जागरूकता का विकास
आध्यात्मिक उन्नति का मार्ग

10.3 प्रारंभिक ध्यान पद्धतियाँ

1. श्वास पर ध्यान (Breath Awareness Meditation)

अपनी सांसों को महसूस करें।
सांसों के प्रवाह पर पूरा ध्यान लगाएं।
अगर मन भटक जाए, तो धीरे-धीरे वापस सांस पर ध्यान केंद्रित करें।

2. मंत्र ध्यान (Mantra Meditation)

कोई सरल मंत्र चुनें, जैसे 'ॐ' या 'शांति' ।
इसे धीरे-धीरे मानसिक या मुख से दोहराएं।
मंत्र की ध्वनि पर मन की एकाग्रता बढ़ेगी।

3. शरीर जागरूकता ध्यान (Body Scan Meditation)

अपने शरीर के विभिन्न भागों पर ध्यान दें।
प्रत्येक हिस्से की संवेदनाओं को महसूस करें।
शरीर और मन को एक साथ स्थिर करने में मदद करता है।

10.4 ध्यान की तैयारी

शांत और साफ स्थान चुनें।
आरामदायक आसन में बैठें, पीठ सीधी हो।
धीरे-धीरे आंखें बंद करें और मन को स्थिर करें।

10.5 ध्यान के दौरान आने वाली बाधाएं और समाधान

मन का भटकना सामान्य है, इसे पहचान कर धैर्य रखें।
आरामदायक बैठने की स्थिति बनाएं।
नियमित अभ्यास से एकाग्रता स्वतः बढ़ती है।

10.6 ध्यान का दैनिक अभ्यास

प्रारंभ में दिन में 5-10 मिनट ध्यान करें।
धीरे-धीरे समय बढ़ाएं।
निरंतरता ही सफलता की कुंजी है।

10.7 आज का अभ्यास और संकल्प

अभ्यास:

आज 5 मिनट श्वास पर ध्यान करें।

सांसों के हर अंदर-और बाहर जाने पर पूरी जागरूकता बनाए रखें।

संकल्प:
  "मैं अपने मन को एकाग्र कर शांति और संतुलन की ओर बढ़ूंगा।"

अध्याय 11

प्राणायाम

अनुलोम-विलोम, भ्रामरी, कपालभाति

"प्राणायाम से श्वास नियंत्रित होती है, और श्वास से मन नियंत्रित होता है।" – पतंजलि

11.1 प्राणायाम क्या है?

प्राणायाम का अर्थ है 'प्राण' (जीवन शक्ति) का 'आयाम' (नियंत्रण)।

यह योग की एक महत्वपूर्ण शाखा है जो सांसों के नियंत्रित अभ्यास के माध्यम से शरीर और मन को संतुलित करता है।
प्राणायाम से ऊर्जा का प्रवाह सुधरता है, तनाव कम होता है, और मानसिक स्थिरता बढ़ती है।

11.2 अनुलोम-विलोम प्राणायाम (Nadi Shodhana)

इसे 'स्वानली प्राणायाम' भी कहते हैं।

इसमें नथुनों के माध्यम से सांसों को नियंत्रित किया जाता है — एक नथुना बंद करके दूसरी से सांस लेना और छोड़ना।
यह नाड़ियों (ऊर्जा चैनलों) को शुद्ध करता है, मन को शांत करता है, और एकाग्रता बढ़ाता है।

कैसे करें:

दाएं नथुने को अंगूठे से बंद करें। बाएं से गहरी सांस लें।
बाएं नथुने को अनामिका से बंद करें, दाहिने से सांस छोड़ें।
फिर दाहिने से सांस लें, बांएं से छोड़ें।
इस चक्र को 5-10 मिनट तक करें।

11.3 भ्रामरी प्राणायाम (Bhramari)

भ्रामरी में मुंह बंद करके मधुमक्खी जैसी धीमी आवाज निकालते हैं।
यह तनाव और क्रोध को कम करता है, मानसिक शांति बढ़ाता है।
सिर दर्द और अनिद्रा में लाभकारी है।

11.4 कपालभाति प्राणायाम (Kapalbhati)

तेज, स्वाभाविक सांस छोड़ने वाली प्रक्रिया है।
यह फेफड़ों और मस्तिष्क की सफाई करता है।
शरीर को ऊर्जा से भर देता है, मानसिक स्पष्टता लाता है।

11.5 प्राणायाम के लाभ

तनाव और चिंता में कमी
रक्त संचार में सुधार
मस्तिष्क की क्रियाशीलता बढ़ाना
रोग प्रतिरोधक क्षमता का विकास
आंतरिक शांति और ऊर्जा का संचार

11.6 अभ्यास के लिए सुझाव

खाली पेट प्राणायाम करें।
आरामदायक आसन में बैठें, पीठ सीधी रखें।
धीरे-धीरे प्राणायाम की अवधि बढ़ाएं।
कोई भी असुविधा हो तो तुरंत अभ्यास बंद करें।

11.7 आज का अभ्यास और संकल्प

अभ्यास: आज 5 मिनट अनुलोम-विलोम प्राणायाम करें।
फिर 3 मिनट भ्रामरी प्राणायाम करें।

संकल्प: "मैं प्राणायाम के माध्यम से अपनी जीवन ऊर्जा को जागृत कर
मानसिक और शारीरिक संतुलन प्राप्त करूंगा।"

अध्याय 12

योगासन

10 सरल योगासन 21-दिन अभ्यास के लिए

"योगासन शरीर को मजबूत बनाते हैं और मन को शांति देते हैं।"

12.1 योगासन का महत्व

योगासन शरीर, मन और आत्मा के बीच सामंजस्य स्थापित करते हैं। ये रक्त संचार, लचीलापन, और शारीरिक शक्ति बढ़ाते हैं। नियमित अभ्यास से रोगप्रतिरोधक क्षमता और मानसिक स्थिरता आती है।

12.2 10 सरल योगासन

ताड़ासन (Mountain Pose)
शरीर को सीधा करके खड़े होना, संतुलन और स्थिरता बढ़ाता है।

वृक्षासन (Tree Pose)
एक पैर पर खड़े होकर संतुलन बनाए रखना, मन और शरीर को केंद्रित करता है।

भुजंगासन (Cobra Pose)
पीठ को ऊपर उठाना, रीढ़ की हड्डी को मजबूत करता है।

अधोमुख श्वानासन (Downward Dog Pose)
पूरे शरीर को तना हुआ रखना, ऊर्जा बढ़ाता है।

बालासन (Child's Pose)
विश्राम और मानसिक शांति के लिए।

सेतुबंधासन (Bridge Pose)
कूल्हों को ऊपर उठाकर रीढ़ को मजबूत बनाना।

वज्रासन (Thunderbolt Pose)
ध्यान के लिए उपयुक्त, पाचन सुधारता है।

पश्चिमोत्तानासन (Seated Forward Bend)
पीठ और पाचन तंत्र के लिए लाभकारी।

अर्जुनासन (Pose of Arjuna)
शरीर की मांसपेशियों को टोन करता है।
शवासन (Corpse Pose)
पूर्ण विश्राम के लिए, मानसिक तनाव दूर करता है।

12.3 21-दिन अभ्यास योजना

दिन 1-7: हर आसन को 30 सेकंड से 1 मिनट तक करें।
दिन 8-14: आसनों की अवधि 1-2 मिनट तक बढ़ाएं।
दिन 15-21: एक पूर्ण सत्र के रूप में 10 आसनों का अनुक्रम बनाएं, प्रत्येक 2 मिनट तक।

12.4 अभ्यास के लिए सुझाव

सुबह या शाम किसी शांत समय करें।
सांसों को नियंत्रित रखें।
शरीर की सीमा के अनुसार ही करें, चोट से बचें।
नियमितता बनाए रखें।

12.5 आज का अभ्यास और संकल्प

अभ्यास:

आज ताड़ासन, वृक्षासन, और भुजंगासन को दिनचर्या में शामिल करें।

संकल्प:
 "मैं योगासन के माध्यम से अपने मन और शरीर को संतुलित और स्वस्थ बनाऊंगा।"

अध्याय 13

नींद, विश्राम और मौन

ब्रह्ममुहूर्त, दोपहर विश्राम, रात्रिकाल

"अच्छी नींद जीवन का आधार है, और मौन मन की शांति का द्वार।"

13.1 नींद का आयुर्वेदिक दृष्टिकोण

नींद शरीर और मन की पुनरावृत्ति की प्रक्रिया है।
आयुर्वेद के अनुसार नींद (निद्रा) त्रिदोष के संतुलन से प्रभावित होती है।
दोष संतुलित होने पर ही गहरी और पूर्ण नींद आती है।

13.2 ब्रह्ममुहूर्त का महत्व

ब्रह्ममुहूर्त सुबह के लगभग 4:00 से 6:00 बजे का समय होता है।
यह समय मानसिक शांति और आध्यात्मिक गतिविधियों के लिए अत्यंत
शुभ माना जाता है।
इस समय उठने से शरीर और मन दोनों तरोताजा होते हैं।

13.3 दोपहर विश्राम (नप)

दिन के मध्य में 20-30 मिनट का हल्का विश्राम शरीर को फिर से ऊर्जा
से भर देता है।
आयुर्वेद इसे पाचन और मानसिक ताजगी के लिए लाभकारी मानता है।
अधिक नप से बचें, जिससे नींद प्रभावित न हो।

13.4 रात्रिकालीन विश्राम

सोने से पहले हल्की गतिविधियां और ध्यान मन को शांत करती हैं।
देर रात तक जागने से अगली सुबह की ऊर्जा प्रभावित होती है।
नींद के लिए एक नियमित समय बनाना चाहिए।

13.5 मौन का महत्त्व

मौन (सांसारिक आवाज़ों से विराम) मानसिक शांति और ध्यान के लिए जरूरी है।

मौन में बैठना मन को स्थिर करता है और आत्मा से जोड़ता है।
रोजाना कुछ समय के लिए मौन का अभ्यास करें।

13.6 नींद सुधारने के उपाय

सोने से पहले हल्का योगासन या प्राणायाम करें।
कैफीन और भारी भोजन से बचें।
शयनकक्ष को ठंडा, शांत और अंधेरा रखें।
डिजिटल डिवाइस से दूर रहें।

13.7 आज का अभ्यास और संकल्प

अभ्यास:

आज ब्रह्ममुहूर्त उठकर 10 मिनट मौन बैठें या ध्यान करें।

दिन में 20 मिनट का विश्राम अवश्य करें।

संकल्प:
  "मैं अपनी नींद, विश्राम और मौन को संतुलित करके शारीरिक और मानसिक स्वास्थ्य को बढ़ावा दूंगा।"
भाग 4: आत्मा की यात्रा और जीवन में स्थायित्व (Day 15–21)

अध्याय 14

आत्मा और आध्यात्मिकता

आत्मा, चित्त और आत्मनिरीक्षण

"जहाँ आत्मा जागृत होती है, वहाँ जीवन में सच्चा सुख और शांति मिलती है।"

14.1 आत्मा क्या है?

आत्मा वह अविनाशी तत्व है जो शरीर और मन से परे है।
यह जीव के अस्तित्व की गहराई और चेतना का स्रोत है।
आयुर्वेद और योग दोनों में आत्मा को सर्वोच्च माना गया है।

14.2 चित्त का स्वरूप

चित्त का अर्थ है मन का वह भाग जिसमें विचार, भावनाएँ, स्मृतियाँ और इच्छाएँ संचालित होती हैं।
चित्त में शांति और अशांति दोनों भाव होते हैं, जिन्हें नियंत्रित करना आवश्यक है।
योग में चित्तवृत्तियों (मन की हलचल) को शांत करना ध्यान का उद्देश्य होता है।

14.3 आत्मनिरीक्षण (स्वाध्याय)

आत्मनिरीक्षण का अर्थ है अपने मन, विचार और कर्मों का सचेत और ईमानदार मूल्यांकन।
यह अभ्यास हमें अपनी कमजोरियों और शक्तियों को समझने में मदद करता है।
स्वाध्याय से आत्मा की गहरी समझ और विकास होता है।

14.4 आध्यात्मिकता का महत्व

आध्यात्मिकता जीवन के उद्देश्य और अर्थ को समझने में सहायक होती है।

यह हमें अहंकार से परे जाकर एक उच्चतर चेतना से जोड़ती है।

आध्यात्मिक जीवनशैली से मन की शांति, सहिष्णुता और करुणा बढ़ती है।

14.5 आत्मा से जुड़ने के उपाय

नियमित ध्यान और प्राणायाम करें।

प्रकृति के साथ समय बिताएं।

धार्मिक और आध्यात्मिक ग्रंथों का अध्ययन करें।

नकारात्मक विचारों से दूर रहें और सकारात्मक सोच अपनाएं।

14.6 आज का अभ्यास और संकल्प

अभ्यास:

10 मिनट के लिए ध्यान लगाएं और अपने चित्त को शांत करें।

अपने दिनभर के कर्मों का संक्षिप्त आत्मनिरीक्षण करें।

संकल्प:
 "मैं आत्मनिरीक्षण के माध्यम से अपने चित्त और आत्मा को जागृत कर सच्चे सुख की ओर बढ़ूंगा।"

अध्याय 15

कर्मयोग, भक्तियोग, ज्ञानयोग

जीवन के तीन पथ

"योग के तीन मार्ग हमें जीवन में संतुलन, समर्पण और समझ की ओर ले जाते हैं।"

15.1 कर्मयोग: कर्म से मोक्ष का मार्ग

कर्मयोग का अर्थ है निस्वार्थ कर्म करना, बिना फल की चिंता किए।

यह जीवन में कार्यशील बने रहने और दायित्व निभाने की कला सिखाता है।

कर्मयोगी अपने कर्तव्यों को ईमानदारी और समर्पण से करता है।

15.2 भक्तियोग: भक्ति और समर्पण का मार्ग

भक्तियोग मन को ईश्वर की भक्ति और प्रेम में लगाना है।

यह मार्ग प्रेम, श्रद्धा और आत्मसमर्पण के माध्यम से आध्यात्मिक उन्नति प्रदान करता है।

भक्तियोगी जीवन में सच्ची शांति और आनंद का अनुभव करता है।

15.3 ज्ञानयोग: ज्ञान और विवेक का मार्ग

ज्ञानयोग बुद्धि, विवेक और आत्म-ज्ञान की खोज है।

यह मार्ग हमें अपने वास्तविक स्वरूप और ब्रह्म के सत्य को समझने में मदद करता है।

ज्ञानयोगी चिंतन, स्वाध्याय और ध्यान से अपने चित्त को शुद्ध करता है।

15.4 तीनों योगों का समन्वय

जीवन में कर्म, भक्ति और ज्ञान का संतुलित मिश्रण व्यक्ति को पूर्णता की ओर ले जाता है।

ये तीनों मार्ग एक-दूसरे के पूरक हैं और मिलकर आत्मा के विकास को सुनिश्चित करते हैं।

15.5 आज का अभ्यास और संकल्प

अभ्यास:

अपने दैनिक कार्यों में समर्पण रखें (कर्मयोग)।

दिन में कुछ समय भगवान या अपनी आस्था के अनुसार भक्ति के लिए निकालें (भक्तियोग)।

रोजाना आत्म-चिंतन और स्वाध्याय करें (ज्ञानयोग)।

संकल्प:
  "मैं कर्म, भक्ति और ज्ञान के योगों से अपने जीवन को संतुलित और पूर्ण बनाऊंगा।"

अध्याय 16

प्रकृति से जुड़ाव

वनों, जल, सूर्य और चंद्र से संवाद

"प्रकृति हमारे जीवन की माँ है, उससे जुड़ना ही असली संतुलन का मार्ग है।"

16.1 वनों का महत्व

पेड़ और वन न केवल हमें ऑक्सीजन देते हैं, बल्कि मानसिक शांति और ऊर्जा भी प्रदान करते हैं।

वनों में समय बिताने से तनाव कम होता है, और ध्यान एवं स्वास्थ्य बेहतर होता है।

आयुर्वेद में वनस्पतियों की महत्ता स्वास्थ्य में संतुलन लाने के लिए वर्णित है।

16.2 जल से संवाद

जल जीवन का आधार है; शुद्ध जल पीना और जल के पास समय बिताना स्वास्थ्य के लिए आवश्यक है।

नदियाँ, तालाब, और झरने मन को ठंडक और शांति देते हैं।

आयुर्वेद में जल का सेवन त्रिदोष संतुलन के लिए महत्वपूर्ण माना गया है।

16.3 सूर्य की ऊर्जा

सूर्य ऊर्जा का स्रोत है, जो शरीर में जीवन शक्ति जगाता है।

सुबह-सुबह सूर्य की किरणें लेना विटामिन डी प्राप्ति और चित्त की शांति के लिए लाभकारी है।

सूर्य नमस्कार योगाभ्यास के रूप में भी प्रसिद्ध है।

16.4 चंद्रमा का प्रभाव

चंद्रमा का प्रभाव मन और भावनाओं पर होता है।

पूर्णिमा और अमावस्या के दिन ध्यान और साधना के लिए उपयुक्त माने जाते हैं।

चंद्रमा के प्रकाश में ध्यान करने से मानसिक शांति और संवेदनशीलता बढ़ती है।

16.5 प्रकृति से जुड़ने के साधन

नियमित प्रकृति के पास जाकर ध्यान और श्वास अभ्यास करें।

प्राकृतिक वस्तुओं का उपयोग करें, जैसे काठ, मिट्टी, और ताजा फल-फूल।

पर्यावरण संरक्षण में योगदान दें।

16.6 आज का अभ्यास और संकल्प

अभ्यास:

आज कम से कम 15 मिनट प्रकृति के बीच बिताएं, चाहे वह बाग, नदी किनारा या खुला आकाश हो।

सूर्य की पहली किरणों में कुछ मिनट ध्यान करें।

अध्याय 17

रिश्ते और आयुर्वेद

भावनात्मक संतुलन, सामूहिक जीवन

"स्वस्थ रिश्ते ही जीवन की असली संपदा हैं, और आयुर्वेद हमें उन्हें समझने और संजोने की कला सिखाता है।"

17.1 आयुर्वेद और भावनाएँ

आयुर्वेद में मन और शरीर का घनिष्ठ संबंध माना गया है।

भावनाएँ त्रिदोषों (वात, पित्त, कफ) को प्रभावित करती हैं।

संतुलित भावनाएँ स्वास्थ्य बनाए रखती हैं, जबकि तनाव, क्रोध, और चिंता रोगों का कारण बन सकती हैं।

17.2 रिश्तों में त्रिदोष संतुलन

वात दोष अधिक होने पर अनिश्चय और बेचैनी बढ़ती है।

पित्त दोष बढ़ने से क्रोध और ईर्ष्या उत्पन्न होती है।

कफ दोष अधिक होने पर आलस्य और मोह बढ़ता है।

रिश्तों में दोषों को समझकर उनकी पूर्ति और नियंत्रण जरूरी है।

17.3 सामूहिक जीवन और सहयोग

आयुर्वेद सामूहिक जीवन में सहानुभूति, सहिष्णुता और सहयोग को बढ़ावा देता है।

परिवार, समाज और कार्यस्थल में संतुलित भावनात्मक जुड़ाव आवश्यक है।

स्वस्थ संबंध जीवन की खुशहाली और मानसिक स्वास्थ्य के लिए आवश्यक हैं।

17.4 भावनात्मक स्वास्थ्य के लिए आयुर्वेदिक उपाय

नियमित दिनचर्या और योग से मन शांत रखें।

हर्बल चाय जैसे ब्राह्मी, अश्वगंधा से तनाव कम करें।

गहरी सांस और ध्यान से क्रोध और चिंता पर नियंत्रण पाएं।

17.5 आज का अभ्यास और संकल्प

अभ्यास:

अपने करीबी रिश्तों के साथ संवाद और सहानुभूति बढ़ाने के लिए आज कम से कम 10 मिनट बिताएं।

तनाव या क्रोध महसूस होने पर गहरी सांस लें और मन को शांत करें।

संकल्प:
  "मैं अपने रिश्तों में समझ, प्रेम और संतुलन बनाए रखूंगा, जिससे मेरा जीवन सुखी और स्वस्थ रहेगा।"

अध्याय 18

परिवार में योग और आयुर्वेद

बच्चों और वृद्धों के लिए सुझाव

"परिवार के हर सदस्य के लिए आयुर्वेद और योग जीवन को स्वस्थ, खुशहाल और सामंजस्यपूर्ण बनाते हैं।"

18.1 बच्चों के लिए आयुर्वेदिक सुझाव

सात्त्विक आहार: बच्चों को ताजे, पौष्टिक और सात्त्विक भोजन दें जो उनके विकास में मदद करे।

दिनचर्या: नियमित समय पर उठना, पढ़ाई करना, खेलना और सोना।

योगाभ्यास: सरल योगासन जैसे वृक्षासन, ताड़ासन, भुजंगासन बच्चों के लिए उपयुक्त हैं।

ध्यान और प्राणायाम: खेल-खेल में ध्यान और अनुलोम-विलोम प्राणायाम सीखाएं, जिससे उनकी एकाग्रता बढ़े।

18.2 वृद्धजनों के लिए आयुर्वेदिक सुझाव

पोषण: हल्का, सुपाच्य और पोषक भोजन, जैसे खिचड़ी, दाल, हल्दी वाला दूध।

दिनचर्या: आरामदायक समय पर उठना-लेटना, हल्की फुल्की योग और श्वास अभ्यास।

योगासन: वृद्धों के लिए सरल आसन जैसे वज्रासन, पद्मासन, शवासन।

हर्बल सपोर्ट: अश्वगंधा, त्रिफला और हर्बल तेल मालिश से स्वास्थ्य में सुधार।

18.3 परिवार में सामूहिक योगाभ्यास

पूरे परिवार के लिए सुबह या शाम योग का समय निर्धारित करें।

योग और आयुर्वेद से जुड़े ज्ञान को बच्चों और बुजुर्गों तक पहुँचाएं।

पारिवारिक सदस्यों के बीच संवाद और सहयोग बढ़ाएं।

18.4 मानसिक और भावनात्मक सहयोग

परिवार के सदस्यों को तनावमुक्त रखने के लिए ध्यान, प्राणायाम और सामूहिक समय जरूरी।

प्रेम, समझदारी और धैर्य से परिवार में सकारात्मक ऊर्जा बढ़ाएं।

18.5 आज का अभ्यास और संकल्प

अभ्यास:

परिवार के साथ मिलकर योग और ध्यान का कम से कम 20 मिनट अभ्यास करें।

बच्चों और वृद्धजनों के लिए उनके अनुकूल आयुर्वेदिक सुझाव अपनाएं।

संकल्प:
   "मैं अपने परिवार को आयुर्वेद और योग के माध्यम से स्वस्थ, सशक्त और खुशहाल बनाऊंगा।"

अध्याय 19

डिजिटल डिटॉक्स

तकनीक से दूरी, स्वयं से समीपता

"डिजिटल दुनिया में दूरियाँ बढ़ती हैं, पर आयुर्वेद और योग से हम अपनी आत्मा से जुड़ सकते हैं।"

19.1 आधुनिक जीवन और तकनीक

स्मार्टफोन, कंप्यूटर, और सोशल मीडिया हमारे जीवन का अहम हिस्सा बन गए हैं।

लगातार स्क्रीन से जुड़ाव से तनाव, नींद की कमी, और मानसिक थकान होती है।

आयुर्वेद हमें संतुलन बनाए रखने और डिजिटल आदी होने से बचने का मार्ग बताता है।

19.2 डिजिटल डिटॉक्स का महत्व

तकनीक से कुछ समय दूर रहना मस्तिष्क को आराम देता है।

आत्मनिरीक्षण और शांति के लिए आवश्यक है कि हम अपनी आंतरिक ऊर्जा को महसूस करें।

डिजिटल डिटॉक्स से मन, शरीर और आत्मा को पुनः जुड़ने का अवसर मिलता है।

19.3 आयुर्वेदिक दृष्टिकोण से

वात दोष बढ़ने पर तकनीकी तनाव और चिंता बढ़ती है।

कफ दोष अधिक होने पर आलस्य और मानसिक जकड़न होती है।

पित्त दोष बढ़ने पर क्रोध और चिड़चिड़ापन बढ़ता है।

डिजिटल डिटॉक्स से इन दोषों का संतुलन बहाल होता है।

19.4 योग और ध्यान के साथ डिजिटल डिटॉक्स

प्राणायाम, ध्यान और योग से मानसिक शांति बढ़ती है।

दिन में कुछ समय 'स्वयं के साथ' बिताना जरूरी है।

डिजिटल उपकरणों से दूर, प्रकृति में समय बिताना लाभकारी है।

19.5 डिजिटल डिटॉक्स के लिए सुझाव

दिन में कम से कम एक घंटा बिना मोबाइल या कंप्यूटर के बिताएं।

सोने से कम से कम एक घंटे पहले स्क्रीन का उपयोग बंद करें।

सोशल मीडिया और मैसेजिंग के लिए सीमित समय तय करें।

ध्यान और योगाभ्यास के लिए डिजिटल डिटॉक्स का समय निकालें।

19.6 आज का अभ्यास और संकल्प

अभ्यास:

आज अपने फोन और डिजिटल उपकरणों को कम से कम 1 घंटा दूर रखें।

इस समय में प्रकृति में टहलें, ध्यान करें या अपनी सांसों पर ध्यान दें।

संकल्प:
"मैं तकनीकी उपयोग को संतुलित रखकर अपने मन, शरीर और आत्मा को शांति और स्वास्थ्य दूंगा।"

अध्याय 20

21वें दिन का चिंतन

परिवर्तन को आत्मसात करना

"सच्चा परिवर्तन तभी स्थायी होता है, जब हम उसे अपने जीवन का अभिन्न हिस्सा बना लेते हैं।"

20.1 21 दिन का सफर: एक समीक्षा

आपने अपने शरीर, मन और आत्मा के लिए एक समर्पित यात्रा पूरी की।

आयुर्वेद और योग के सिद्धांतों को अपनाकर जीवन में संतुलन पाया।

यह यात्रा न केवल बाहरी बदलाव, बल्कि आंतरिक जागरूकता भी लेकर आई है।

20.2 बदलाव को स्वीकारना

मन और शरीर में नए अभ्यासों का समावेश एक धीमी प्रक्रिया है।

धैर्य, निरंतरता और आत्म-सम्मान से बदलाव को पोषित करें।

पुरानी आदतों को छोड़ना और नई आदतों को अपनाना मानसिक रूप से चुनौतीपूर्ण होता है।

20.3 जीवन में स्थिरता बनाए रखना

21 दिनों के अभ्यास के बाद, इन आदतों को जीवनशैली में स्थायी रूप से शामिल करें।

नियमित दिनचर्या, योग, प्राणायाम, और आयुर्वेदिक आहार को प्राथमिकता दें।

तनाव और असंतुलन के संकेतों को समझें और उनसे निपटने के लिए उपाय अपनाएं।

20.4 आत्मनिरीक्षण और आत्म-जागरूकता

अपने भीतर के बदलावों का ध्यान रखें।

आत्मनिरीक्षण के लिए नियमित ध्यान और मौन समय निकालें।

अपनी प्रगति का आकलन करें और आवश्यकतानुसार सुधार करें।

20.5 भविष्य की दिशा

इस 21 दिन के सफर को एक नए आरंभ के रूप में देखें।

जीवन में आयुर्वेद और योग के मार्ग पर निरंतर चलें।

अपने अनुभवों को परिवार और समाज के साथ साझा करें।

20.6 आज का अभ्यास और संकल्प

अभ्यास:

15 मिनट का ध्यान करें और अपनी यात्रा के अनुभवों पर सोचें।

अपने जीवन में हुए सकारात्मक बदलावों को लिखें।

संकल्प:
  "मैं इस परिवर्तन को स्वीकार करता हूँ और इसे अपने जीवन का स्थायी हिस्सा बनाऊंगा।"

अध्याय 21

जीवनभर के लिए 21 सूत्र

दैनिक अनुसरण के लिए जीवनमूल्य

"सफल और स्वस्थ जीवन के लिए सरल, सुसंगत और सार्थक नियमों का पालन करें।"

21 जीवनभर के लिए 21 सूत्र

सुबह जल्दी उठें — ब्रह्ममुहूर्त में जागरण से मन और शरीर तरोताजा होते हैं।

दिनचर्या का पालन करें — नियमित दिनचर्या से शरीर का संतुलन बना रहता है।

सात्त्विक आहार लें — ताजे, हल्के और पचने वाले भोजन को प्राथमिकता दें।

पर्याप्त जल पिएं — शरीर को हाइड्रेटेड रखें, दिनभर कम से कम 8-10 ग्लास पानी।

योग और प्राणायाम करें — शारीरिक और मानसिक स्वास्थ्य के लिए रोजाना योगाभ्यास।

ध्यान लगाएं — एकाग्रता और मानसिक शांति के लिए ध्यान करें।

पर्याप्त नींद लें — सात से आठ घंटे की गहरी नींद आवश्यक है।

डिजिटल सीमाएं बनाएं — स्क्रीन टाइम को नियंत्रित करें और डिजिटल डिटॉक्स अपनाएं।

तनाव मुक्त रहें — तनाव को कम करने के लिए विश्राम और ध्यान अपनाएं।

सकारात्मक सोच रखें — मन को सकारात्मक बनाए रखना जीवन की कुंजी है।

प्रकृति के साथ जुड़ाव रखें — समय-समय पर प्रकृति में बिताएं।

समय पर भोजन करें — भोजन की नियमितता से पाचन ठीक रहता है।

सामाजिक रिश्तों को संजोएं — परिवार और मित्रों के साथ अच्छे संबंध रखें।

आत्मनिरीक्षण करें — अपने कर्मों और विचारों पर ध्यान दें।
सादा जीवन जिएं — भौतिक वस्तुओं से अधिक अनुभवों को महत्व दें।
स्वच्छता का ध्यान रखें — शरीर, मन और पर्यावरण की सफाई जरूरी है।
हर्बल औषधियों का सहारा लें — आयुर्वेदिक जड़ी-बूटियों का नियमित प्रयोग।
शारीरिक सक्रिय रहें — दिनभर सक्रिय रहें, बैठे रहने से बचें।
कर्मयोग का अभ्यास करें — बिना फल की इच्छा के अपने कार्य करें।
स्नेह और दया दिखाएं — अपने और दूसरों के प्रति करुणा रखें।
निरंतर सीखते रहें — ज्ञान और आत्म-विकास के लिए सदैव तैयार रहें।

अंतिम प्रेरणा

ये 21 सूत्र आपके जीवन को स्वस्थ, सुखी और संतुलित बनाए रखने के लिए एक मार्गदर्शक हैं।

इन्हें दैनिक जीवन का हिस्सा बनाकर आप शारीरिक, मानसिक और आध्यात्मिक विकास कर सकते हैं।

जीवनभर इन सूत्रों का पालन करें और अपने अनुभवों से इसे और भी बेहतर बनाएं।

अंतिम शब्द:
  "शरीर स्वस्थ हो, मन शांत हो, आत्मा आनन्दित हो — यही जीवन का सच्चा संतुलन है।"

अपनी प्रकृति जानने का फॉर्म

अपने त्रिदोष (वात, पित्त, कफ) के प्रकार को जानने के लिए नीचे दिए गए प्रश्नों के उत्तर दें। प्रत्येक प्रश्न के लिए वह विकल्प चुनें जो आपकी प्रकृति के सबसे अधिक मेल खाता हो।

1. आपकी त्वचा कैसी है?

(a) सूखी, रूखी, ठंडी

(b) गर्म, तैलीय, संवेदनशील

(c) मुलायम, चिकनी, ठंडी या नमीयुक्त

2. आपका शरीर का ढांचा कैसा है?

(a) दुबला-पतला, लंबा या नटखट

(b) मध्यम आकार का, मांसल, अच्छी मांसपेशी वाली

(c) मोटा, भारी, मजबूत

3. आपकी भूख और पाचन क्षमता कैसी है?

(a) अनियमित भूख, पाचन कमजोर, गैस या अपच की शिकायत

(b) तेज भूख, अच्छी पाचन शक्ति, कभी-कभी अम्लता या जलन

(c) स्थिर भूख, धीमा पाचन, कभी-कभी भारीपन

4. आपकी नींद कैसी होती है?

(a) हल्की और कग, जल्दी जागना

(b) मध्यम, पर्याप्त

(c) गहरी और लंबी

5. आपका मूड और मानसिक स्थिति कैसी होती है?

(a) जल्दी बेचैन, चिंता, उत्तेजित

(b) क्रोधित, चिड़चिड़ा, आत्मविश्वासी

(c) स्थिर, धैर्यशील, आलसी

6. आपका ऊर्जा स्तर कैसा रहता है?

(a) जल्दी थक जाता है, सक्रिय और फुर्तीला

(b) अधिक ऊर्जा वाला, पर जल्दी गर्म होता है

(c) धीमा, स्थिर, टिकाऊ ऊर्जा

7. आपकी ठंड और गर्मी सहनशीलता कैसी है?

(a) ठंड से अधिक संवेदनशील

(b) गर्मी से अधिक संवेदनशील

(c) ठंड और गर्मी दोनों सहन कर सकता है

8. आपका स्वभाव कैसा है?

(a) चंचल, जल्दी बदलता है, उत्साही

(b) उत्साही, क्रोधी, नेतृत्व करने वाला

(c) शांत, स्थिर, धैर्यशील

परिणाम का संक्षिप्त विवरण:

जिन विकल्पों में आपने सबसे अधिक (a) चुना है, आपकी प्रकृति वात प्रधान हो सकती है।

जिन विकल्पों में सबसे अधिक (b) चुना है, आपकी प्रकृति पित्त प्रधान हो सकती है।

जिन विकल्पों में सबसे अधिक (c) चुना है, आपकी प्रकृति कफ प्रधान हो सकती है।

नोट:
यह फॉर्म एक प्रारंभिक मार्गदर्शिका है। सही प्रकृति जानने के लिए आयुर्वेदिक विशेषज्ञ से परामर्श आवश्यक है।

सप्ताहवार भोजन योजना

यह भोजन योजना आयुर्वेद के त्रिदोष और सात्त्विक आहार के आधार पर बनाई गई है, जिससे आप स्वस्थ, संतुलित और ऊर्जा से भरपूर रह सकते हैं। आप अपनी प्रकृति (वात, पित्त, कफ) के अनुसार थोड़ा-बहुत बदलाव कर सकते हैं।

सोमवार

सुबह: गुनगुना पानी के साथ अलसी या चिया के बीज

नाश्ता: मूंग दाल चिल्ला या दलिया फल के साथ

दोपहर का भोजन: ज्वार या बाजरे की रोटी, हरी सब्जी, दाल, और दही

शाम का नाश्ता: हर्बल चाय और भुनी हुई मूंगफली

रात्रि भोजन: हल्का खिचड़ी या सूप, सब्जी

मंगलवार

सुबह: तुलसी या अदरक वाली चाय

नाश्ता: फल (सेब, पपीता) और मखाने

दोपहर का भोजन: ब्राउन राइस, राजमा या छोले, हरी सलाद

शाम का नाश्ता: नारियल पानी और भुने चने

रात्रि भोजन: सब्जी और रोटी (गेहूं या बाजरा)

बुधवार

सुबह: नींबू पानी और गुड़

नाश्ता: ओट्स पोहा या उपमा

दोपहर का भोजन: दाल, सब्जी, रोटी और पापड़

शाम का नाश्ता: हर्बल चाय और कटहल के बीज

रात्रि भोजन: हल्का खिचड़ी या दाल-सब्जी

गुरुवार

सुबह: अजवाइन पानी

नाश्ता: मिक्स फ्रूट सलाद और मुट्ठीभर अखरोट

दोपहर का भोजन: बाजरे की रोटी, तुअर दाल, हरी सब्जी

शाम का नाश्ता: हर्बल टी और भुना चना

रात्रि भोजन: सूप और सलाद

शुक्रवार

सुबह: हल्दी वाला दूध

नाश्ता: मूंग दाल चिल्ला या साबूदाना खिचड़ी (उपवास के दिन)

दोपहर का भोजन: ब्राउन राइस, दाल, हरी सब्जी, सलाद

शाम का नाश्ता: हर्बल चाय और मखाने

रात्रि भोजन: हल्का सूप या खिचड़ी

शनिवार

सुबह: गुनगुना पानी और सूखे मेवे (काजू, बादाम)

नाश्ता: दलिया या पोहा

दोपहर का भोजन: तुअर दाल, सब्जी, रोटी, दही

शाम का नाश्ता: ताज़ा फल और हर्बल चाय

रात्रि भोजन: हल्का सूप और सब्जी

रविवार

सुबह: तुलसी या अदरक चाय

नाश्ता: फल और मखाने

दोपहर का भोजन: खिचड़ी, दाल, सब्जी और सलाद

शाम का नाश्ता: भुना चना और हर्बल टी

रात्रि भोजन: हल्का भोजन, जैसे सूप या सलाद

कुछ सुझाव:

दिनभर पानी पर्याप्त मात्रा में पिएं।

तला-भुना, जंक फूड, अधिक मसालेदार भोजन से बचें।

ताजे और मौसमी फल-सब्जियों का सेवन करें।

आयुर्वेदिक हर्बल काढ़े जैसे त्रिफला या तुलसी काढ़ा दिनचर्या में शामिल करें।

दैनिक अभ्यास चार्ट

यह चार्ट आपको 21 दिन तक नियमित रूप से आयुर्वेदिक एवं योगिक जीवनशैली अपनाने में मदद करेगा। हर दिन के लिए निर्धारित अभ्यास को ध्यान से करें और अपने अनुभव को नोट करें।

दिन 1 से 7: शुरुआत और अनुकूलन

सुबह: ब्रह्ममुहूर्त में जागें, गुनगुना पानी पिएं

स्नान: हल्का शुद्धिकरण (जल नेति) करें

योग: 10 मिनट के सरल योगासन (ताड़ासन, वृक्षासन) करें

प्राणायाम: अनुलोम-विलोम 5 मिनट

आहार: सात्त्विक और त्रिदोष अनुसार भोजन करें

ध्यान: 5 मिनट ध्यान करें

रात: जल्दी सोएं और दोपहर में 20 मिनट विश्राम करें

दिन 8 से 14: स्थिरता और विस्तार

सुबह: ब्रह्ममुहूर्त जागरण, तुलसी या अदरक वाली चाय लें

स्नान: जल नेति और कपालभाति करें

योग: 15 मिनट योगासन (सूर्य नमस्कार, भुजंगासन)

प्राणायाम: भ्रामरी और अनुलोम-विलोम 7 मिनट

आहार: त्रिदोष संतुलित सात्त्विक भोजन लें

ध्यान: 10 मिनट ध्यान का अभ्यास करें

रात: 7-8 घंटे की नींद लें, नींद से पहले मौन करें

दिन 15 से 21: गहरा अनुभव और आत्मसात

सुबह: ब्रह्ममुहूर्त जागरण, हल्का व्यायाम करें

स्नान: जल नेति, कपालभाति, त्राटक करें

योग: 20 मिनट योगासन (धनुरासन, मत्स्यासन)

प्राणायाम: अनुलोम-विलोम, भ्रामरी, कपालभाति 10 मिनट

आहार: पूर्ण सात्त्विक आहार लें, डिटॉक्स करें (त्रिफला का सेवन)

ध्यान: 15 मिनट गहरा ध्यान करें

रात: ब्रह्ममुहूर्त के नियम का पालन करें, मौन और विश्राम करें

अतिरिक्त टिप्स:

अपने अनुभव और शरीर की प्रतिक्रिया को नोट करते रहें।

अपने मन, शरीर और आत्मा में आने वाले बदलावों को समझें।

इस अभ्यास को जीवनभर के लिए अपनाने का संकल्प लें।

21-दिन ध्यान व योग जर्नल

इस जर्नल में आप प्रतिदिन अपने ध्यान और योग अभ्यास का अनुभव लिख सकते हैं। इससे आपकी प्रगति का पता चलता रहेगा और मन-शरीर के संतुलन को बेहतर समझने में मदद मिलेगी।

दिन 1

आज मैंने कौन से योगासन किए?

प्राणायाम का अभ्यास कैसा रहा?

ध्यान के दौरान क्या अनुभव हुआ?

शरीर और मन में क्या बदलाव महसूस किए?

आज के लिए कोई विशेष चुनौती या सफलता?

दिन 2

आज के योग और प्राणायाम की अवधि कितनी थी?

ध्यान में किस प्रकार की एकाग्रता मिली?

मानसिक शांति का स्तर कैसा था?

शारीरिक ऊर्जा कैसी रही?

क्या कुछ नया सीखा या महसूस किया?

दिन 3

योग और प्राणायाम का अनुभव लिखें।

ध्यान के दौरान मन की स्थिति कैसी थी?

क्या शरीर में कोई दर्द या तनाव महसूस हुआ?

दिन भर की ऊर्जा का स्तर कैसा रहा?

सुधार के लिए क्या सुझाव देना चाहेंगे?

दिन 4 से 21 तक (हर दिन के लिए)

आज के योगासन और प्राणायाम का विवरण:

ध्यान के अनुभव और मन की स्थिति:

शरीर और मानसिक स्थिति में परिवर्तन:

दैनिक जीवन में ध्यान और योग का प्रभाव:

आगे के लिए क्या सुधार करना चाहेंगे?

अंत में

पूरे 21 दिनों के अनुभव का सारांश लिखें।

अपने मन, शरीर और आत्मा में आए बदलावों का मूल्यांकन करें।

इस अभ्यास को आगे भी जारी रखने के लिए संकल्प लिखें।

यह जर्नल आपको नियमितता बनाए रखने, अपने अनुभवों को समझने और आत्म-निरीक्षण करने में मदद करेगा। इसे अपनी दिनचर्या का हिस्सा बनाएं और परिवर्तन का आनंद लें।

उपयोगी जड़ी-बूटियाँ और औषधियाँ

यह सूची आयुर्वेद में प्रयोग की जाने वाली कुछ प्रमुख जड़ी-बूटियों और औषधियों का परिचय देती है, जो शरीर, मन और आत्मा के संतुलन में मदद करती हैं।

1. तुलसी

लाभ: रोग प्रतिरोधक क्षमता बढ़ाती है, सर्दी-खांसी और जुकाम में राहत देती है।

प्रयोग: तुलसी की चाय या काढ़ा बनाकर सेवन करें।

2. अश्वगंधा

लाभ: तनाव कम करती है, मानसिक शांति देती है और ऊर्जा बढ़ाती है।

प्रयोग: अश्वगंधा पाउडर या कैप्सूल के रूप में लें।

3. त्रिफला

लाभ: पाचन सुधारती है, डिटॉक्स करती है और कब्ज में लाभकारी।

प्रयोग: रात को सोते समय त्रिफला पाउडर को गुनगुने पानी के साथ लें।

4. अदरक

लाभ: पाचन को बेहतर बनाता है, सर्दी-खांसी में राहत देता है।

प्रयोग: अदरक की चाय या भोजन में इस्तेमाल करें।

5. हल्दी

लाभ: सूजन कम करती है, इम्यून सिस्टम मजबूत करती है।

प्रयोग: दूध में हल्दी डालकर पीना लाभकारी होता है।

6. ब्राह्मी

लाभ: याददाश्त बढ़ाती है, मानसिक तनाव कम करती है।

प्रयोग: ब्राह्मी के अर्क या काढ़े का सेवन करें।

7. हरड़

लाभ: पाचन और वात दोष को संतुलित करती है।

प्रयोग: त्रिफला के मिश्रण में हरड़ प्रमुख है।

8. नीम

लाभ: रक्त शुद्धि करती है, त्वचा संबंधी रोगों में लाभदायक।

प्रयोग: नीम की पत्तियों का। का।ढ़। या पाउडर।

9. गिलोय

लाभ: रोग प्रतिरोधक क्षमता बढ़ाती है, शरीर को विषाक्त पदार्थों से मुक्त करती है।

प्रयोग: गिलोय का रस या काढ़ा।

10. शतावरी

लाभ: महिलाओं के स्वास्थ्य के लिए विशेष उपयोगी, हार्मोन संतुलन में मदद।

प्रयोग: शतावरी पाउडर या अर्क का सेवन।

महत्वपूर्ण: इन जड़ी-बूटियों का सेवन करने से पहले आयुर्वेदिक विशेषज्ञ या चिकित्सक से परामर्श अवश्य करें। सभी के लिए दवाओं का असर अलग-अलग हो सकता है।

यह परिशिष्ट आपके पाठकों को प्राकृतिक औषधियों से शरीर, मन और आत्मा की देखभाल के लिए मार्गदर्शन देगा।